Ab 4 Jahren

Gabriele Klink

Zusammenhänge erkennen

Wahrnehmung & Konzentration fördern

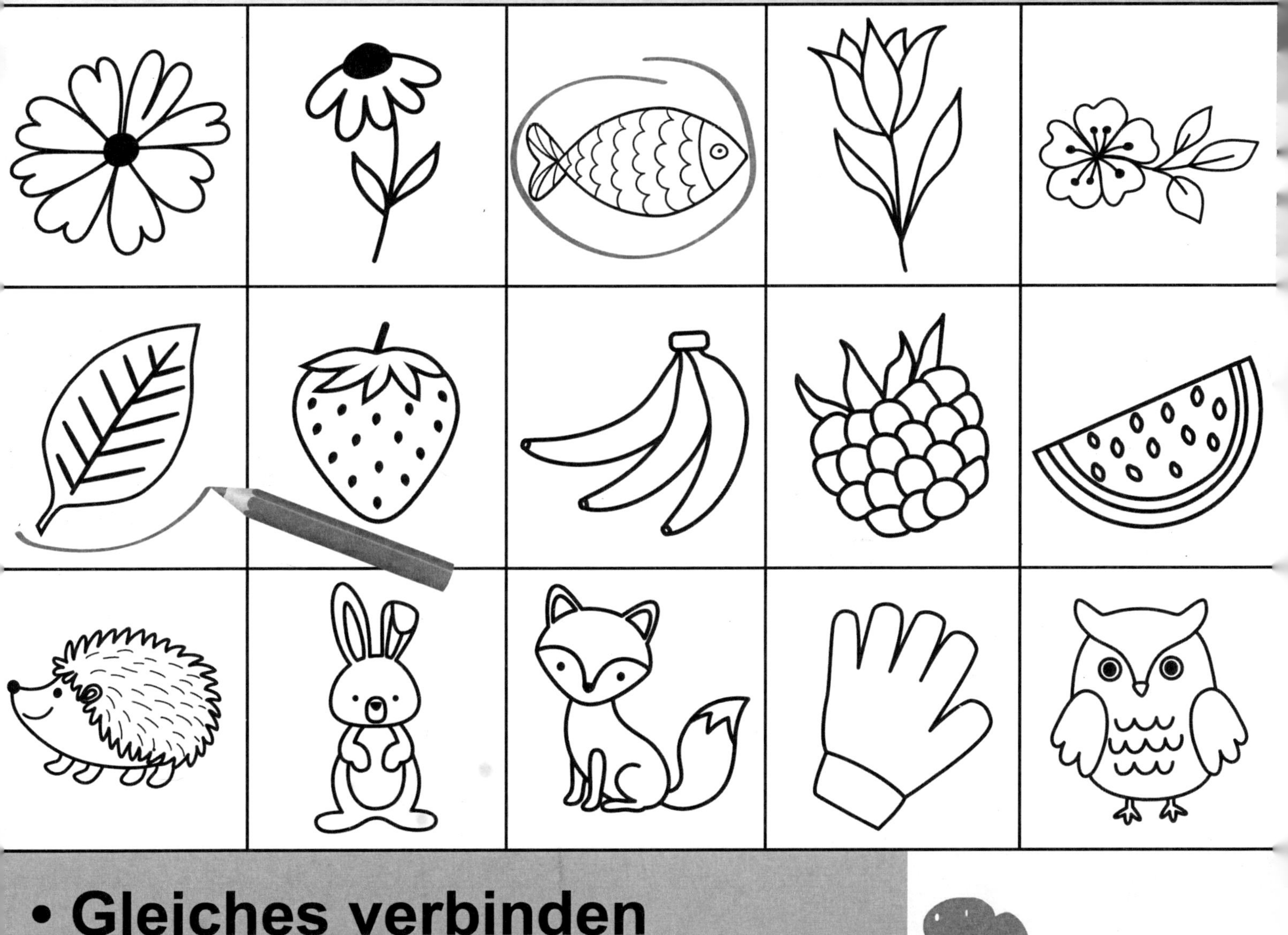

- Gleiches verbinden
- Unterschiede finden
- Muster weiterführen u.v.m.

www.kohlverlag.de

Zusammenhänge erkennen

Wahrnehmung & Konzentration fördern

1. Auflage 2022

© Kohl-Verlag, Kerpen 2022
Alle Rechte vorbehalten.

Inhalt: Gabriele Klink
Coverbild: © dacascas, JungleOutThere, nosyrevy, Igor, Decobrush, Peter Hermes Furian - AdobeStock.com
Redaktion: Kohl-Verlag
Grafik & Satz: Tatjana Wörner & Kohl-Verlag
Druck: farbo prepress GmbH, Köln

Bestell-Nr. 12 846

ISBN: 978-3-98558-234-1

Bilder der Autorin: Seiten 4, 5, 7, 8, 9, 10, 14, 15, 16, 17, 21, 40, 41

Bildquellen © Adobe.Stock.com

S. 6: Yael Weiss, Igor Zakowski; **S. 7:** maritime_m; **S. 11:** yudhi; **S. 12:** kankhem, Moriz; **S. 13:** Hans-Jürgen Krahl, ylivdesign, Rina Design; **S. 16:** Alexandra; **S. 18:** Elenapro; **S. 19:** Anna; **S. 20:** elinacious, nadiinko; **S. 21:** elinacious; **S. 25:** Rudie, ilyakalinin, reddish, djvstock, Syuzann q, MGhozi, ちーぼう, NYgraphic, ollymolly, valeriya_dor; **S. 26:** drawlab19; **S. 27:** chekman; **S. 28+29+34+35+36:** Alexandra; **S. 36:** martialred; **S. 37+40+42:** Alexandra; **S. 43:** shockfactor.de; **S. 44:** Yael Weiss, Igor Zakowski, maritime_m, yudhi, kankhem, Moriz, Hans-Jürgen Krahl, ylivdesign, Rina Design

Das vorliegende Werk und seine Teile sind urheberrechtlich geschützt. Jede Nutzung in anderen als den gesetzlich zugelassenen Fällen bedarf der vorherigen schriftlichen Einwilligung des Verlages. Hinweis zu § 52a UrhG: Weder das Werk noch seine Teile dürfen ohne eine solche Einwilligung eingescannt und in ein Netzwerk oder das Internet eingestellt werden. Dies gilt auch für Intranets von Schulen und sonstigen Bildungseinrichtungen.

Der vorliegende Band ist eine Print-Einzellizenz

Sie wollen unsere Kopiervorlagen auch digital nutzen? Kein Problem – fast das gesamte KOHL-Sortiment ist auch sofort als PDF-Download erhältlich! Wir haben verschiedene Lizenzmodelle zur Auswahl:

	Print-Version	PDF-Einzellizenz	PDF-Schullizenz	Kombipaket Print & PDF-Einzellizenz	Kombipaket Print & PDF-Schullizenz
Unbefristete Nutzung der Materialien	x	x	x	x	x
Vervielfältigung, Weitergabe und Einsatz der Materialien im eigenen Unterricht	x	x	x	x	x
Nutzung der Materialien durch alle Lehrkräfte des Kollegiums an der lizenzierten Schule			x		x
Einstellen des Materials im Intranet oder Schulserver der Institution			x		x

Die erweiterten Lizenzmodelle zu diesem Titel sind jederzeit im Online-Shop unter www.kohlverlag.de erhältlich.

Inhalt

Vorwort

Hier können sich die Kinder auf Spurensuche begeben und Gleiches, Ähnliches sowie Zwillingspaare erforschen und ergänzen. Dies fördert nicht nur die Auge-Hand-Koordination, sondern schult auch eine differenzierte Wahrnehmung. Kreativ werden alle Sinne angesprochen und Bekanntes mit weniger Bekanntem, auch aus der Erinnerung, verglichen. Feinmotorisch aktivieren die Kinder die Stifthaltung, um Formen, wie sie beim Schreibenlernen benötigt werden, erfolgreich auszuprobieren. Dies fällt Kindern oft noch sehr schwer, vor allem wenn es gilt, die Formgrenzen dabei möglichst genau einzuhalten. Die Kinder begeben sich auch auf Fehlersuche und forschen wie kleine Detektive. Gleiches von Ähnlichem zu unterscheiden, ist natürlich ebenso spannend. Da ist ein ganz genaues Hinsehen und Vergleichen optimal und darf bei diesem Aufgabenfeld ausgiebig erprobt werden. Grundkenntnisse im logisch-mathematischen Bereich sowie natürlich die Festigung der Feinmotorik sind bei vielen Kindern ausbaufähig. Das Vergleichen ist ebenfalls eine besonders wichtige, mathematische Voraussetzung, um in der Schule und im späteren Leben erfolgreich zu sein. So können die Kinder Schritt für Schritt in die Welt der Zahlen, Formen und Buchstaben eintauchen. Das Wichtigste ist dabei aber, Kinder neugierig, offen und motiviert an diesen komplexen Bereich heranzuführen. Und Wissenschaftler bestätigen, dass dies besonders intensiv und nachhaltig in den ersten Lebensjahren geschieht.

Deshalb allen viel Freude beim Erkunden dieses spannenden mathematischen Bereiches.

Das Team des Kohl-Verlags und Ihre

Gabriele Klink

Fehlerbilder

Elefantenkind: Finde die 10 Unterschiede und kreise sie im unteren Bild ein.

Zusammenhänge erkennen

Fehlerbilder

Känguru mit Baby: Finde die 8 Unterschiede und kreise sie im unteren Bild ein.

KOHL VERLAG
Zusammenhänge erkennen
Wahrnehmung & Konzentration fördern – Bestell-Nr. 12 846

Fehlerbilder

Drachenfreund Erwin: Finde die 12 Unterschiede und kreise sie im unteren Bild ein.

Fehlerbilder

Hase Jasmin & Chino: Finde die 7 Unterschiede und kreise sie im oberen Bild ein.

KOHL VERLAG Zusammenhänge erkennen Wahrnehmung & Konzentration fördern – Bestell-Nr. 12 846

Fehlerbilder

Sommerwiese: Finde die 10 Unterschiede und kreise sie im unteren Bild ein.

Fehlerbilder

Tröpfchen & Flämmchen: Finde die 9 Unterschiede und kreise sie im oberen Bild ein.

Zusammenhänge erkennen
Wahrnehmung & Konzentration fördern – Bestell-Nr. 12 846
KOHL VERLAG

Fehlerbilder

Robbenmama mit Kind: Finde die 11 Unterschiede und kreise sie im oberen Bild ein.

Zusammenhänge erkennen

Fehlerbilder

Feuerwehrauto: Finde die 7 Unterschiede und kreise sie im unteren Bild ein.

KOHL VERLAG Zusammenhänge erkennen Wahrnehmung & Konzentration fördern – Bestell-Nr. 12 846

Fehlerbilder

Emma und die Windmühle: Finde die 7 Unterschiede und kreise sie im unteren Bild ein.

Zusammenhänge erkennen

Fehlerbilder

Seehund: Finde die 10 Unterschiede und kreise sie im unteren Bild ein.

Zusammenhänge erkennen
Wahrnehmung & Konzentration fördern – Bestell-Nr. 12 846
KOHL VERLAG

Gesuchtes finden und anmalen

Eine seltsame Wiese: Marienkäfer Marla frisst nur Blumen. Suche sie für Marla und male die Blumen an. Male auch den Marienkäfer an und eine Wiese dazu.

Zusammenhänge erkennen

Gesuchtes finden und anmalen

Malen nach Zahlen: Trage deine Lieblingsfarben in die Kreise ein. Suche dann die Zahlen im Schmetterling und male die Felder aus.

1 = ◯ 2 = ◯ 3 = ◯ 4 = ◯ 5 = ◯ 6 = ◯

Zusammenhänge erkennen
Wahrnehmung & Konzentration fördern – Bestell-Nr. 12 846
KOHL VERLAG

Gesuchtes finden und anmalen

Zahlenapfel: Umkreise alle 1 mit Gelb, alle 2 mit Grün und alle weiteren Zahlen bis 10 mit Farben deiner Wahl. Male dann die Kreise aus.

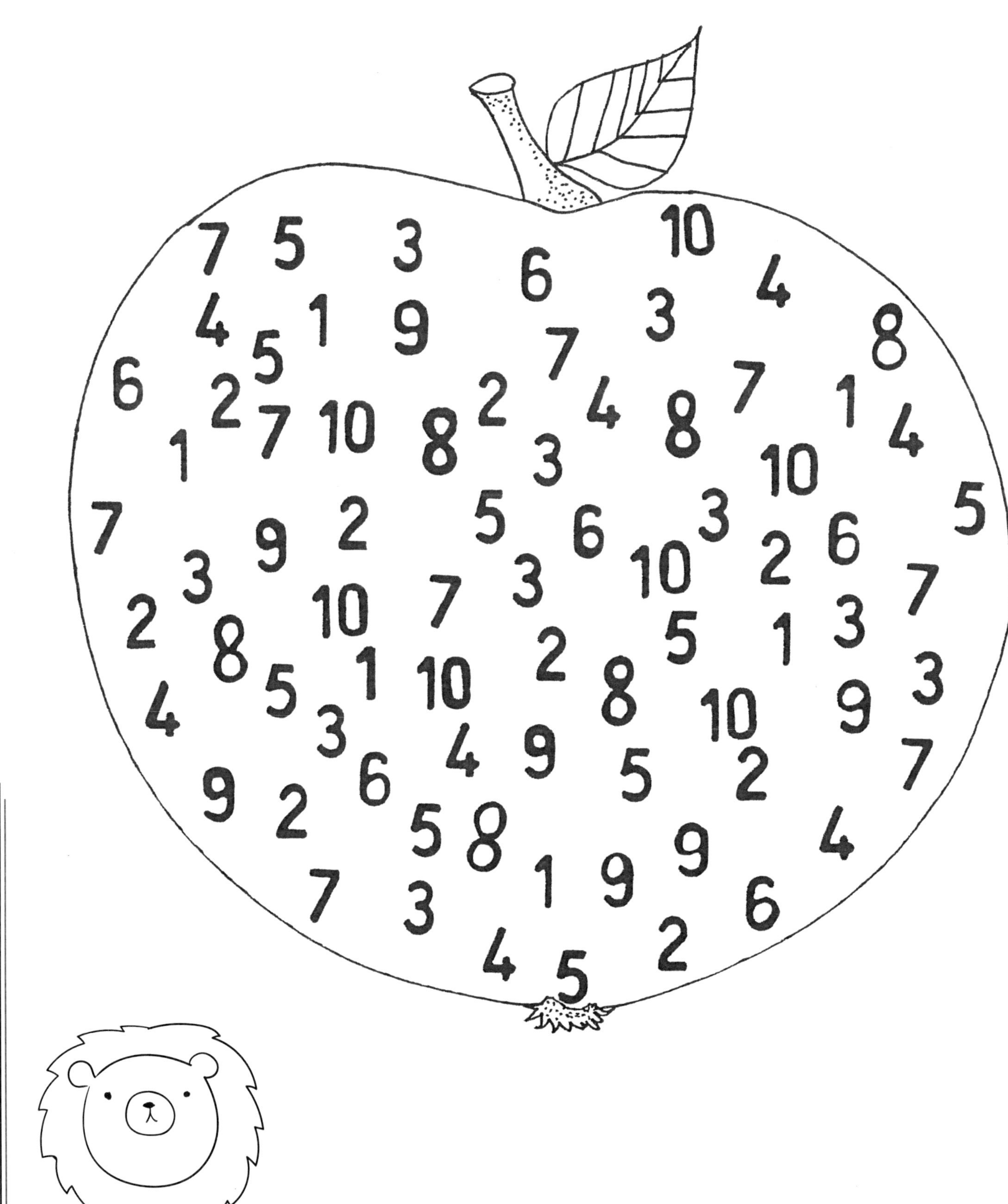

Gesuchtes finden und anmalen

Zahlendrache: Suche dir für jede der 10 Zahlen eine passende Farbe aus und male sie an.

KOHL VERLAG
Zusammenhänge erkennen
Wahrnehmung & Konzentration fördern – Bestell-Nr. 12 846

Gesuchtes finden und anmalen

Viele Gesichter: Male die verschiedenen Gesichter mit den angegebenen Farben an.

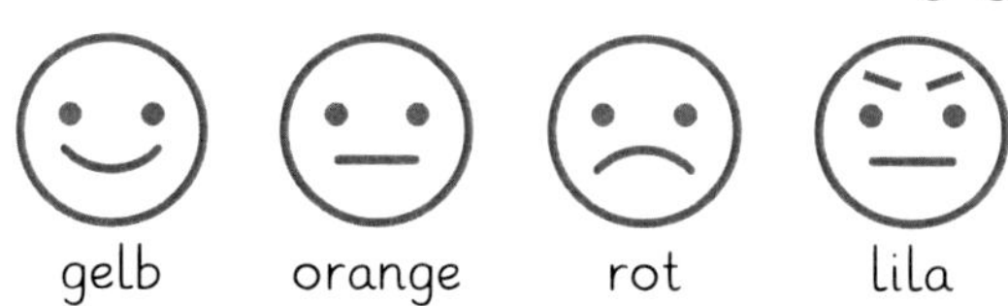

gelb orange rot lila

Suche dir 6 Farben aus und male die verschiedenen Gesichter an.

Gesuchtes finden und anmalen

Luftballon-Wirrwarr: Male alle Luftballons <u>über</u> den Häusern an. Male an die Häuser: Fenster, Türen, Schornsteine und Dachziegel.

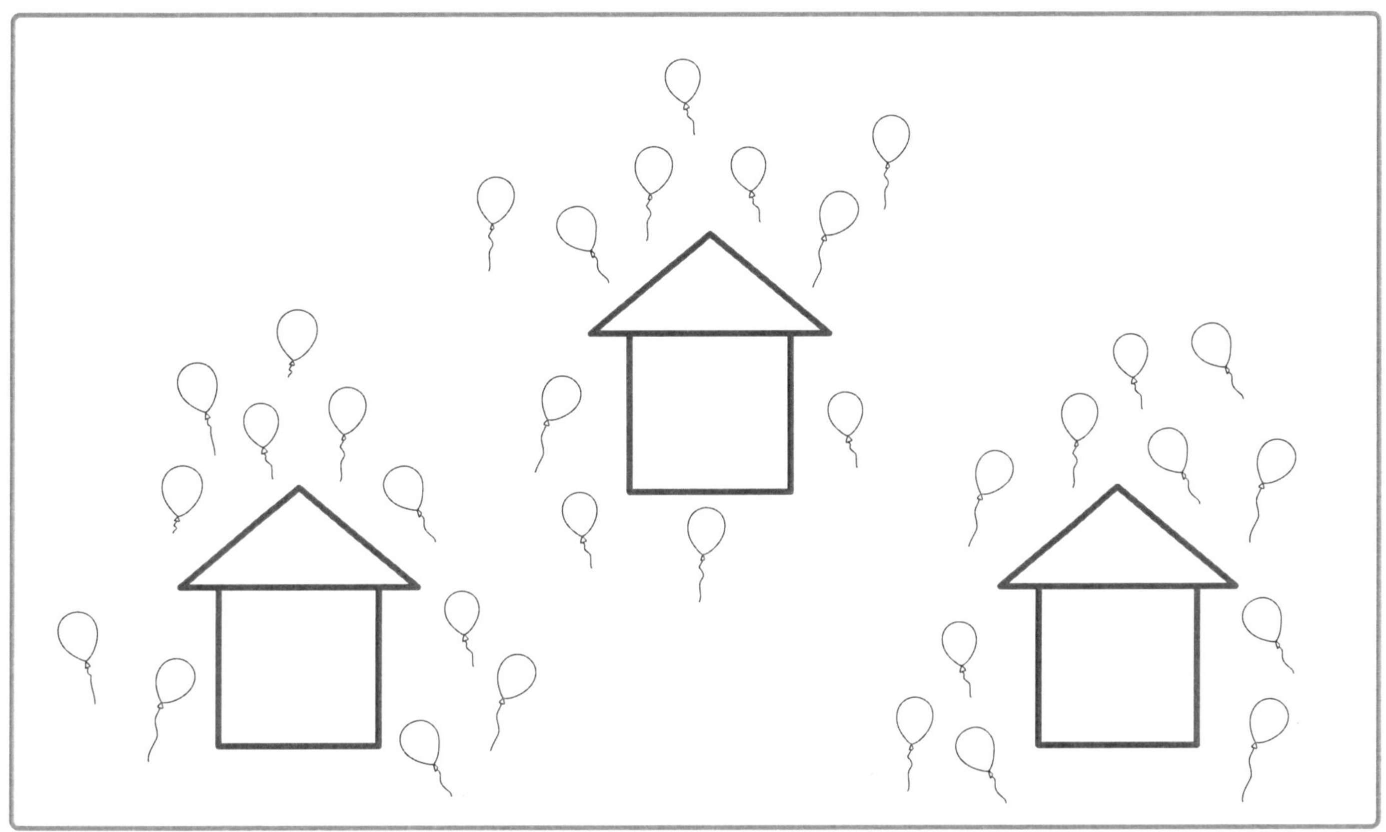

Male alle Luftballons <u>neben</u> den Häusern an. Male an die Häuser: Fenster, Türen, Schornsteine und Dachziegel.

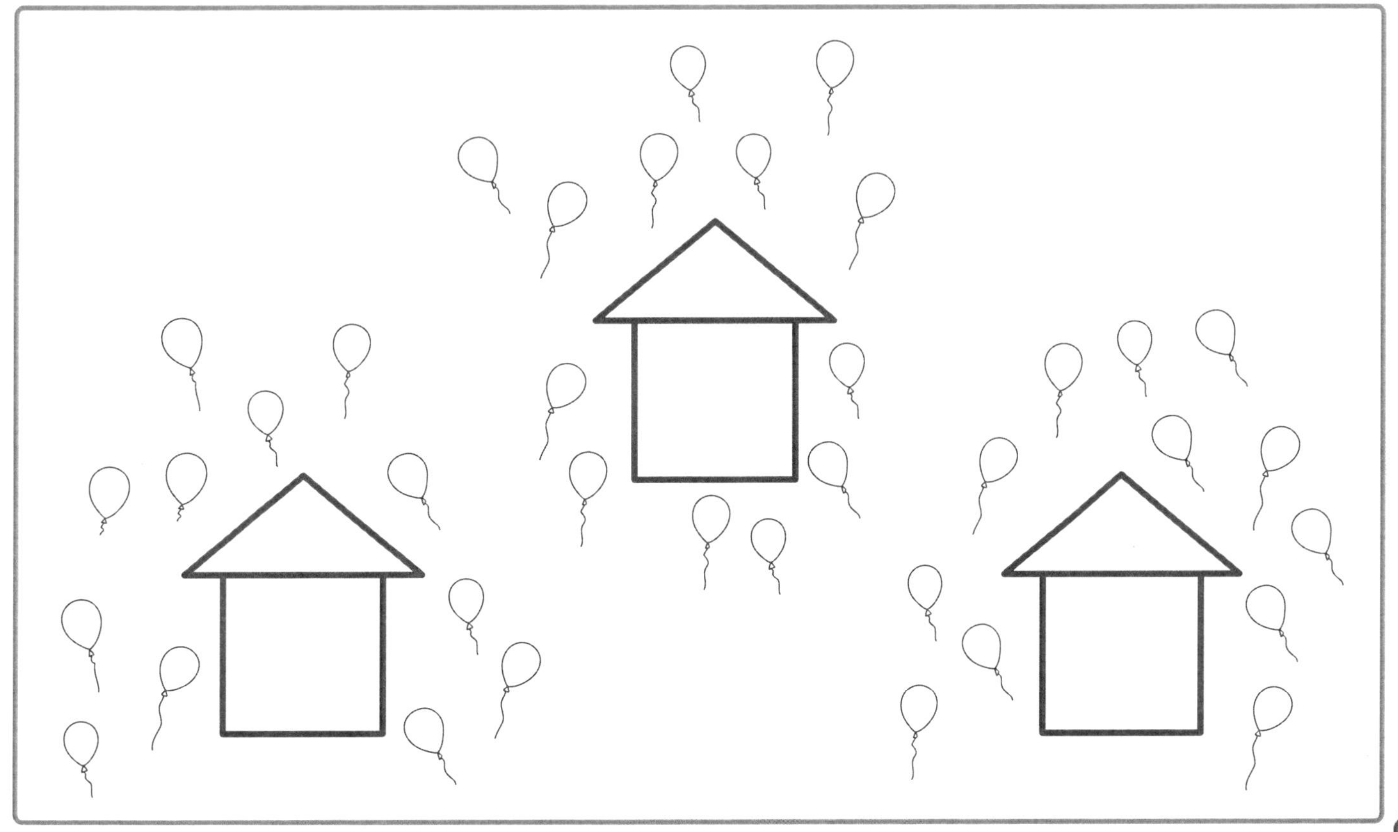

Ausgliedern

Schneemann Olaf: Wo ist sein Hut? Kreise den richtigen Hut ein, der so aussieht, wie auf dem Schneemann-Kopf. Male alle Hüte und den Schneemann bunt an.

Zusammenhänge erkennen

Ausgliedern

Schneemann Rudi: Wo ist sein Besen? Kreise den richtigen Besen ein, der so aussieht, wie der Besen neben dem Schneemann. Male alle Besen und den Schneemann bunt an.

Zusammenhänge erkennen
Wahrnehmung & Konzentration fördern – Bestell-Nr. 12 846
KOHL VERLAG

Ausgliedern

Paare finden: Wo hat sich die gleiche Figur versteckt? Finde sie und kreise sie ein. Nun kannst du alle Figuren in deinen Lieblingsfarben anmalen.

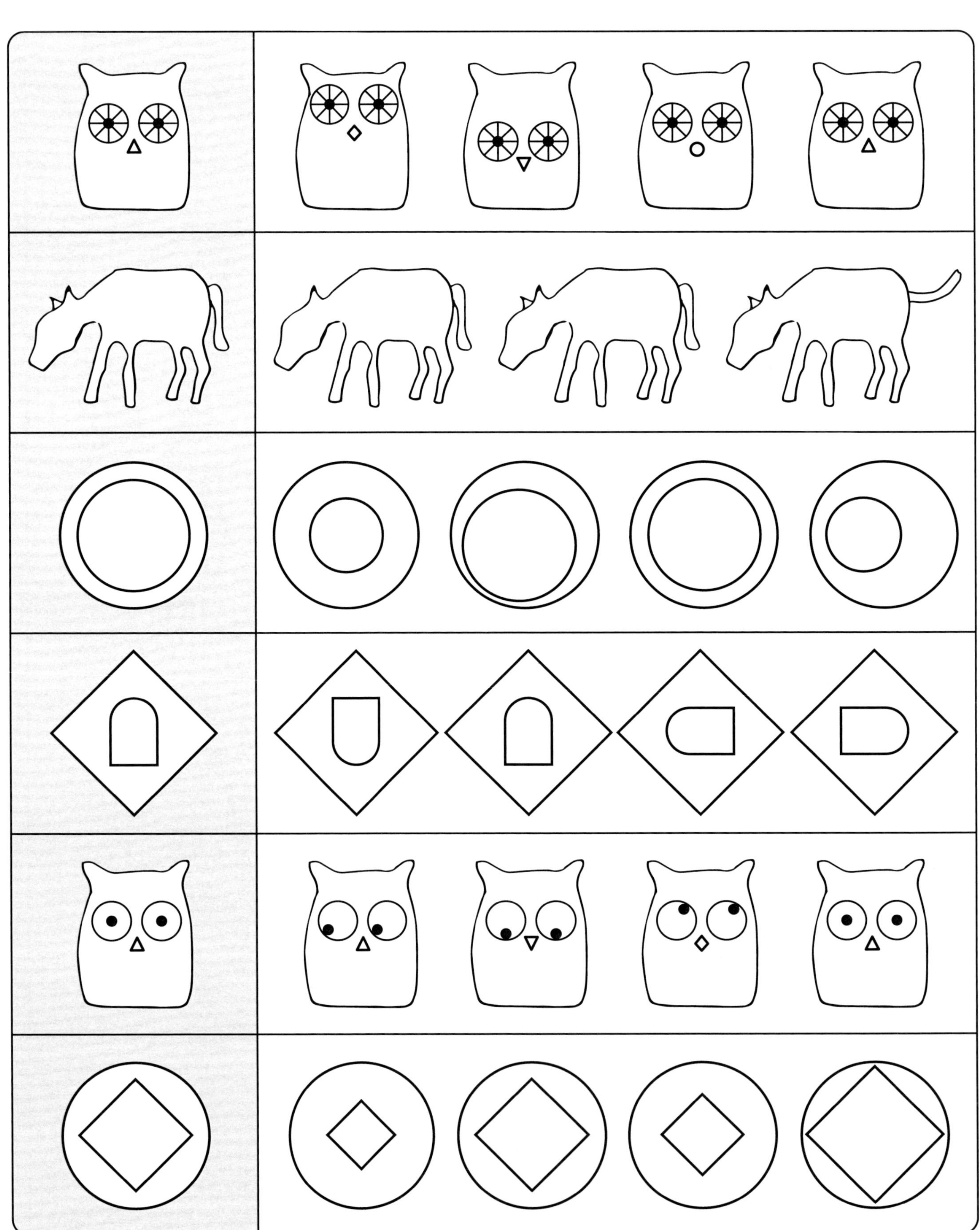

Zusammenhänge erkennen

Ausgliedern

Hier stimmt etwas nicht: Male alle richtigen Formen aus, nur die Fehlerform bleibt weiß.

Unterschiede feststellen

Kleine Unterschiede: Lies die Fragen und kreise farbig ein oder kreuze an.

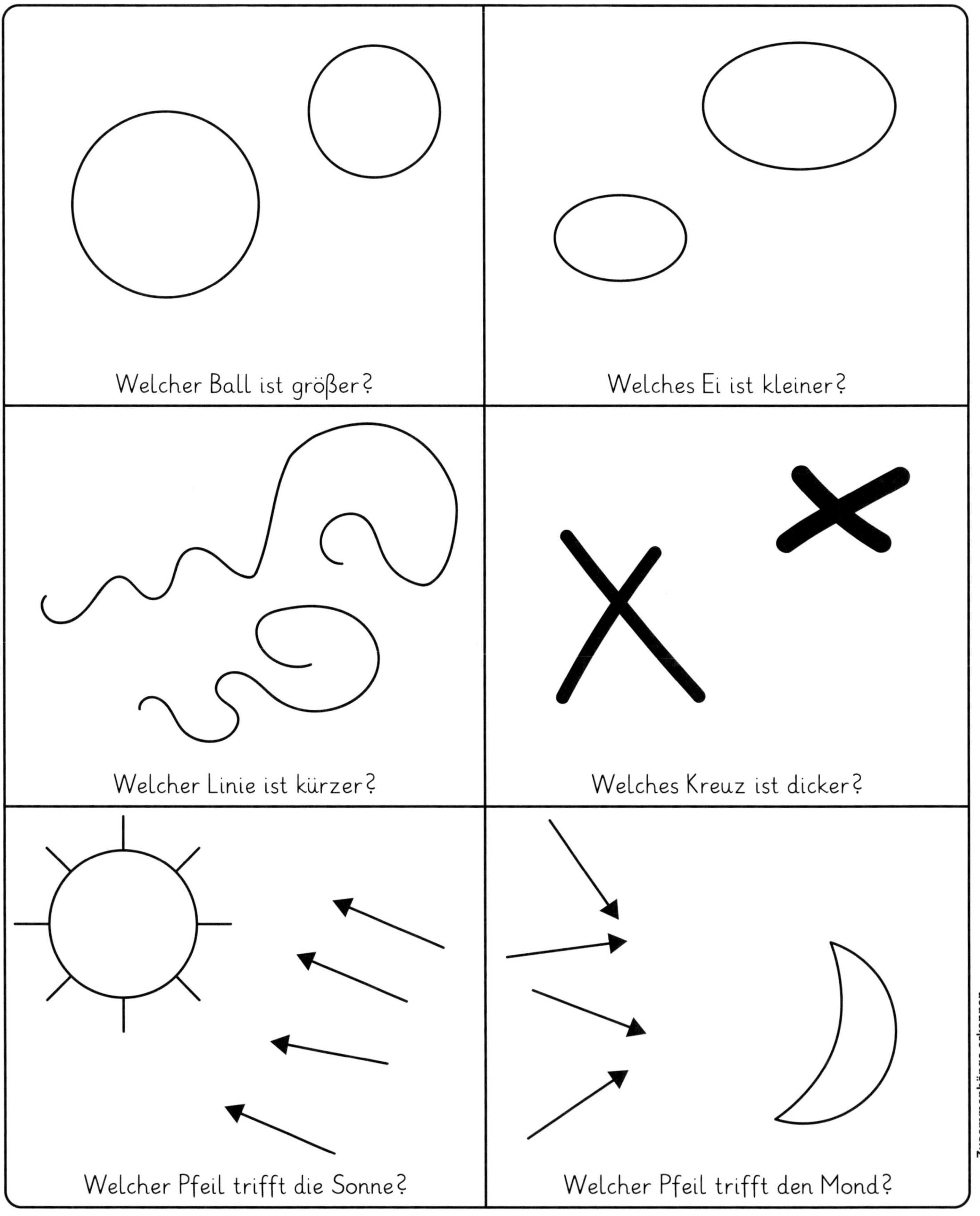

Zusammenhänge erkennen
Wahrnehmung & Konzentration fördern – Bestell-Nr. 12 846
KOHL VERLAG

Unterschiede feststellen

Was passt nicht dazu? Male alle richtigen Bilder aus, nur das Fehlerbild bleibt weiß.

KOHL VERLAG Zusammenhänge erkennen
Wahrnehmung & Konzentration fördern – Bestell-Nr. 12 846

Gleiches finden

Pinguin-Zwillinge: Finde die zwei gleichen Pinguine und kreise sie ein. Male alle Pinguine farbig an.

KOHL VERLAG
Zusammenhänge erkennen
Wahrnehmung & Konzentration fördern – Bestell-Nr. 12 846

Gleiches finden

Rucksack-Paar: Finde die zwei gleichen Rucksäcke und kreise sie ein. Male alle Rucksäcke in deinen Lieblingsfarben an.

KOHL VERLAG Lernen mit Erfolg
Zusammenhänge erkennen
Wahrnehmung & Konzentration fördern – Bestell-Nr. 12 846

Gleiches finden

Wortpaare: Finde die gleichen Wörter und verbinde sie durch eine Linie.

SUSI	OTTU
OTTO	MIA
SOSI	SUSI
OTTU	MIO
MIA	OTTO
MIO	ULLU
UHU	SOSI
TOM	TOM
ULLU	UHU

KOHL VERLAG
Zusammenhänge erkennen

Gleiches finden

Wortpaare: Finde die gleichen Wörter und verbinde sie durch eine Linie.

RUND	TUCH
MOND	HUND
BUCH	RUND
HUND	BUCH
KIND	MOND
TUCH	ROSE
MUND	KIND
RIND	MUND
ROSE	RIND

KOHL VERLAG Zusammenhänge erkennen Wahrnehmung & Konzentration fördern – Bestell-Nr. 12 846

Gleiches finden

Gleiche Formen: Finde die gleichen Formen und male jedes Paar in einer anderen Farbe an.

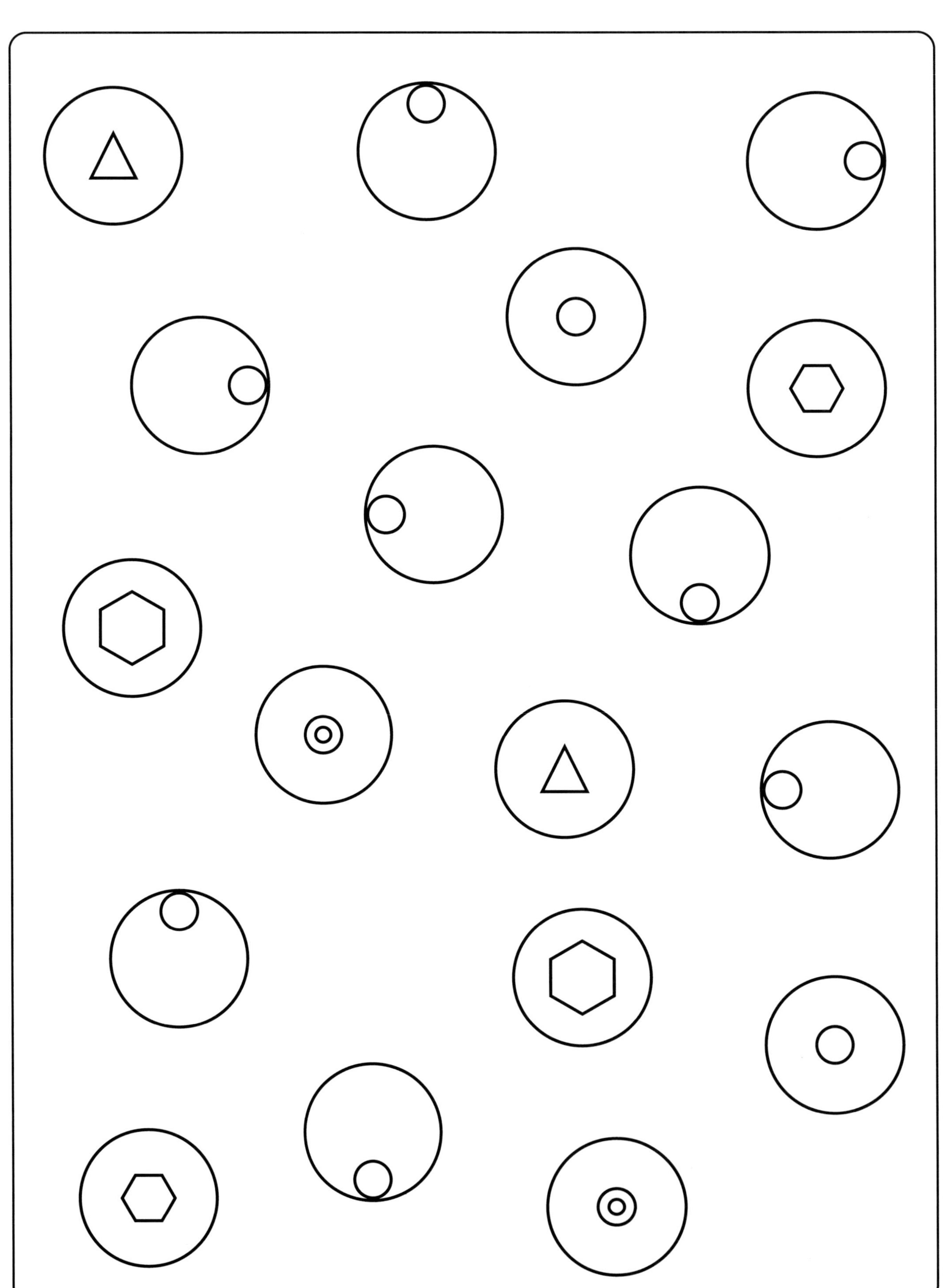

KOHL VERLAG Zusammenhänge erkennen

Gleiches finden

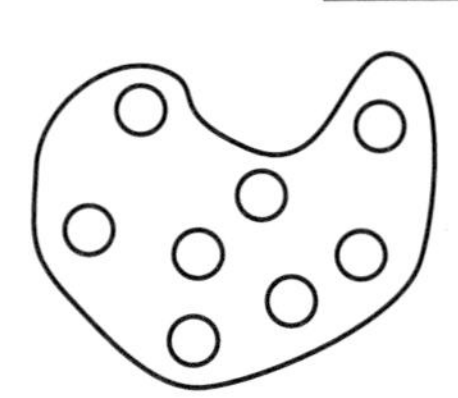

Was gehört zusammen? Umrande die gleichen Formen und male die Gruppen in unterschiedlichen Farben an.

Zusammenhänge erkennen
Wahrnehmung & Konzentration fördern – Bestell-Nr. 12 846
KOHL VERLAG

Gleiches finden

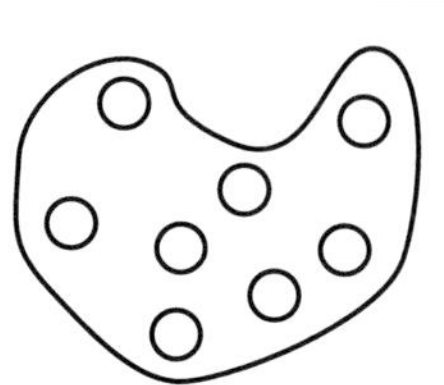

Was gehört zusammen? Umrande die gleichen Formen und male die Gruppen in unterschiedlichen Farben an.

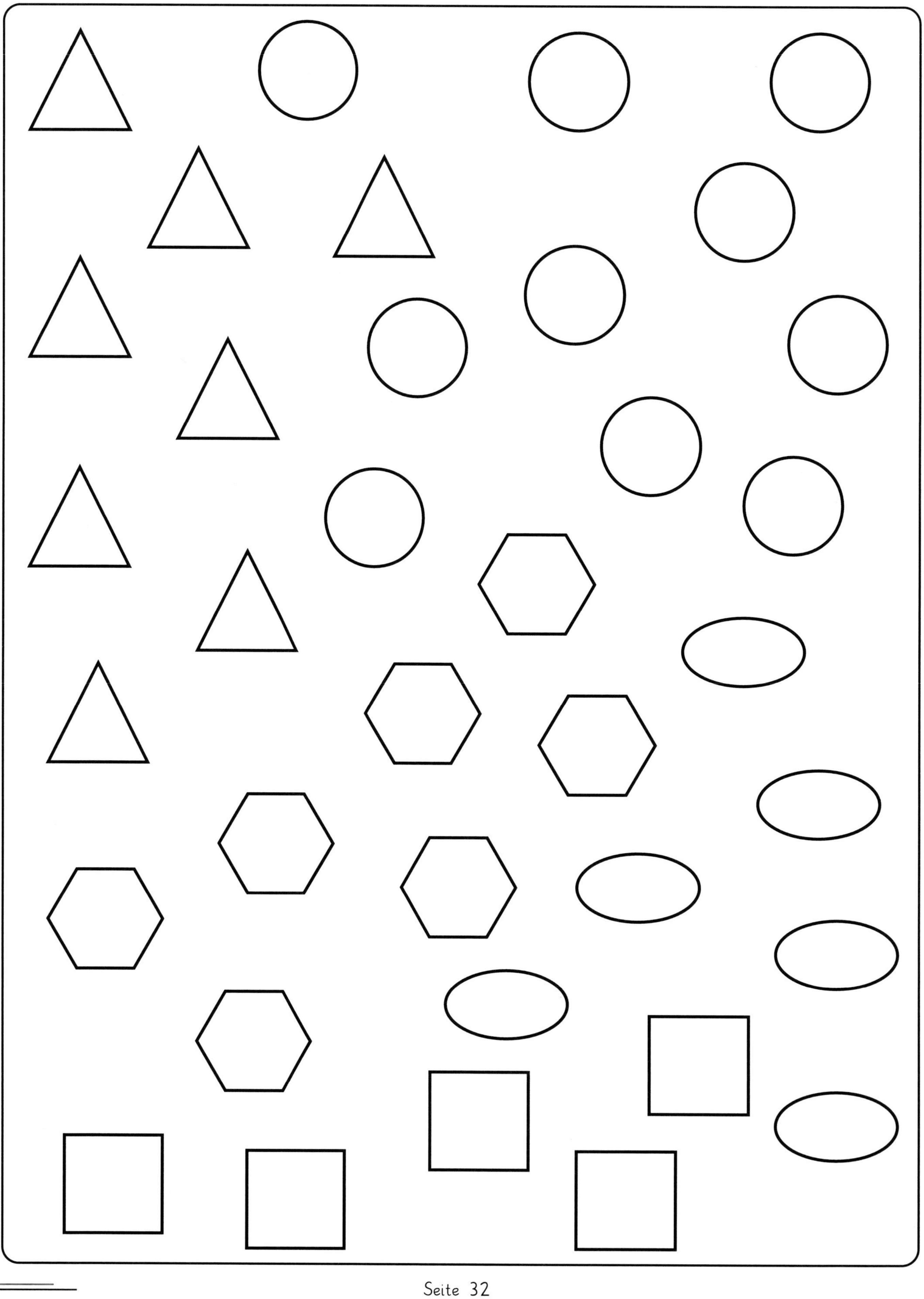

Gleiches finden

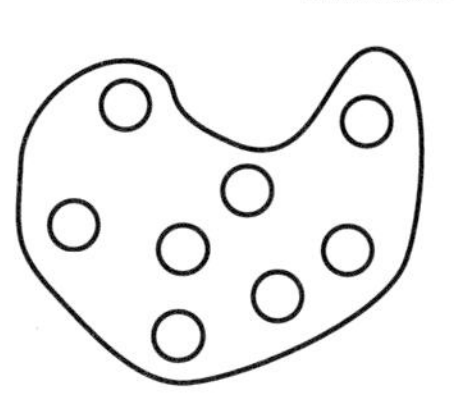

Was gehört zusammen? Umrande die gleichen Formen und male die Gruppen in unterschiedlichen Farben an.

Zusammenhänge erkennen
Wahrnehmung & Konzentration fördern – Bestell-Nr. 12 846
KOHL VERLAG

Gleiches finden

Gleiche Formen: Finde die gleichen Formen und male jedes Paar in einer anderen Farbe an.

Zusammenhänge erkennen
KOHL VERLAG

Gleiches finden

Zwei Gleiche in einer Reihe: Finde die zwei gleichen Formen und male sie an.

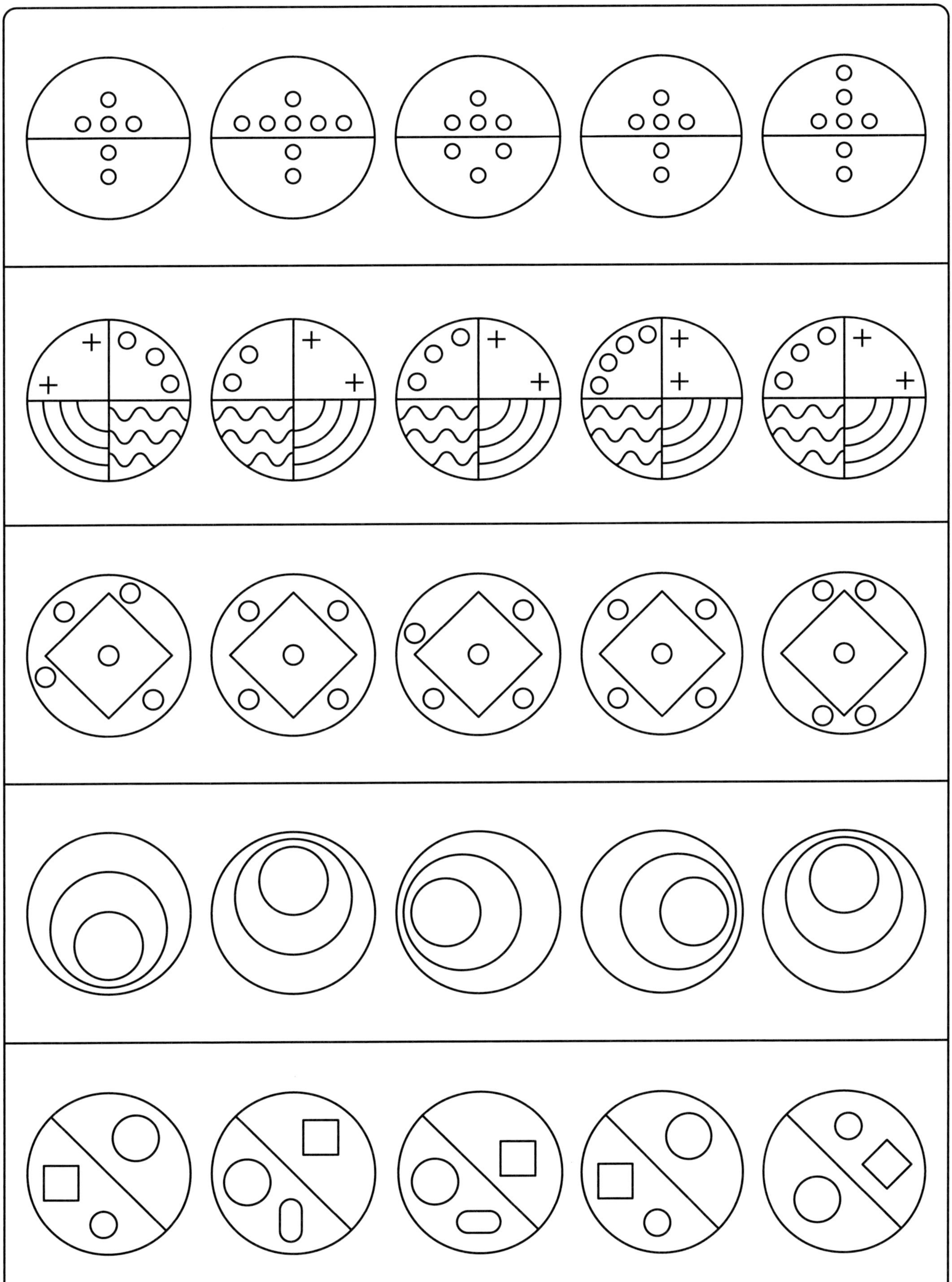

Zusammenhänge erkennen
Wahrnehmung & Konzentration fördern – Bestell-Nr. 12 846
KOHL VERLAG

Muster weiterführen

Musterecken: Zeichne die Muster in die leeren Dreiecke genau nach.

KOHL VERLAG
Zusammenhänge erkennen

Muster weiterführen

Bunte Ostereier: Zeichne die Muster in die Eier rechts nach. Male die Ostereier bunt an.

KOHL VERLAG Zusammenhänge erkennen
Wahrnehmung & Konzentration fördern – Bestell-Nr. 12 846

Muster weiterführen

Symbol-Reihen: Zeichne die Symbole auf die rechte Seite ein paarmal nach.

Muster weiterführen

Mustersocken: Fülle die Socken mit den angegebenen Mustern. Male sie dann bunt an.

KOHL VERLAG Zusammenhänge erkennen
Wahrnehmung & Konzentration fördern – Bestell-Nr. 12 846

Muster weiterführen

Musterteppich: Zeichne die Muster in den Teppichen genau nach.

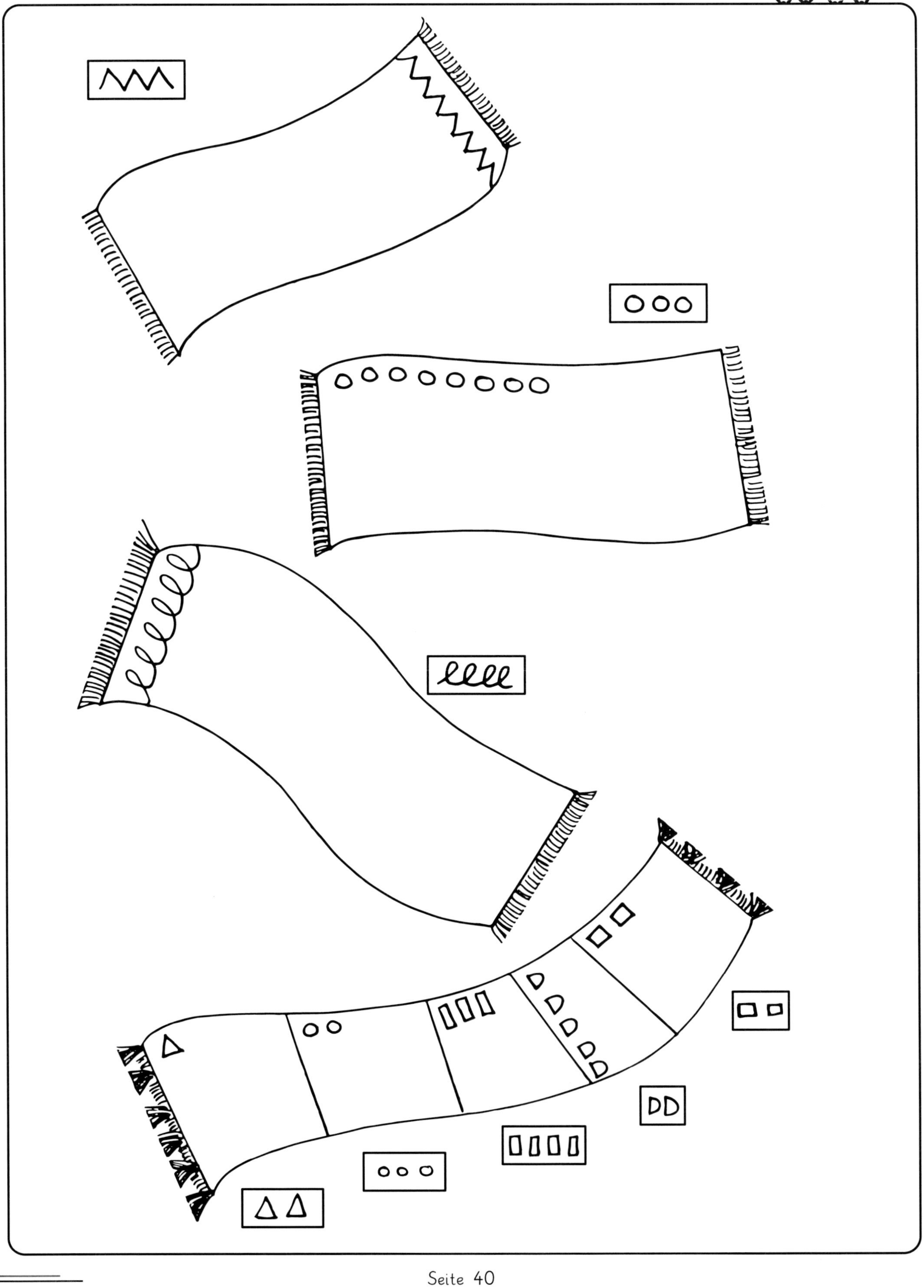

Muster weiterführen

Folge den Linien: Zeichne die Muster über und unter den Linien nach.

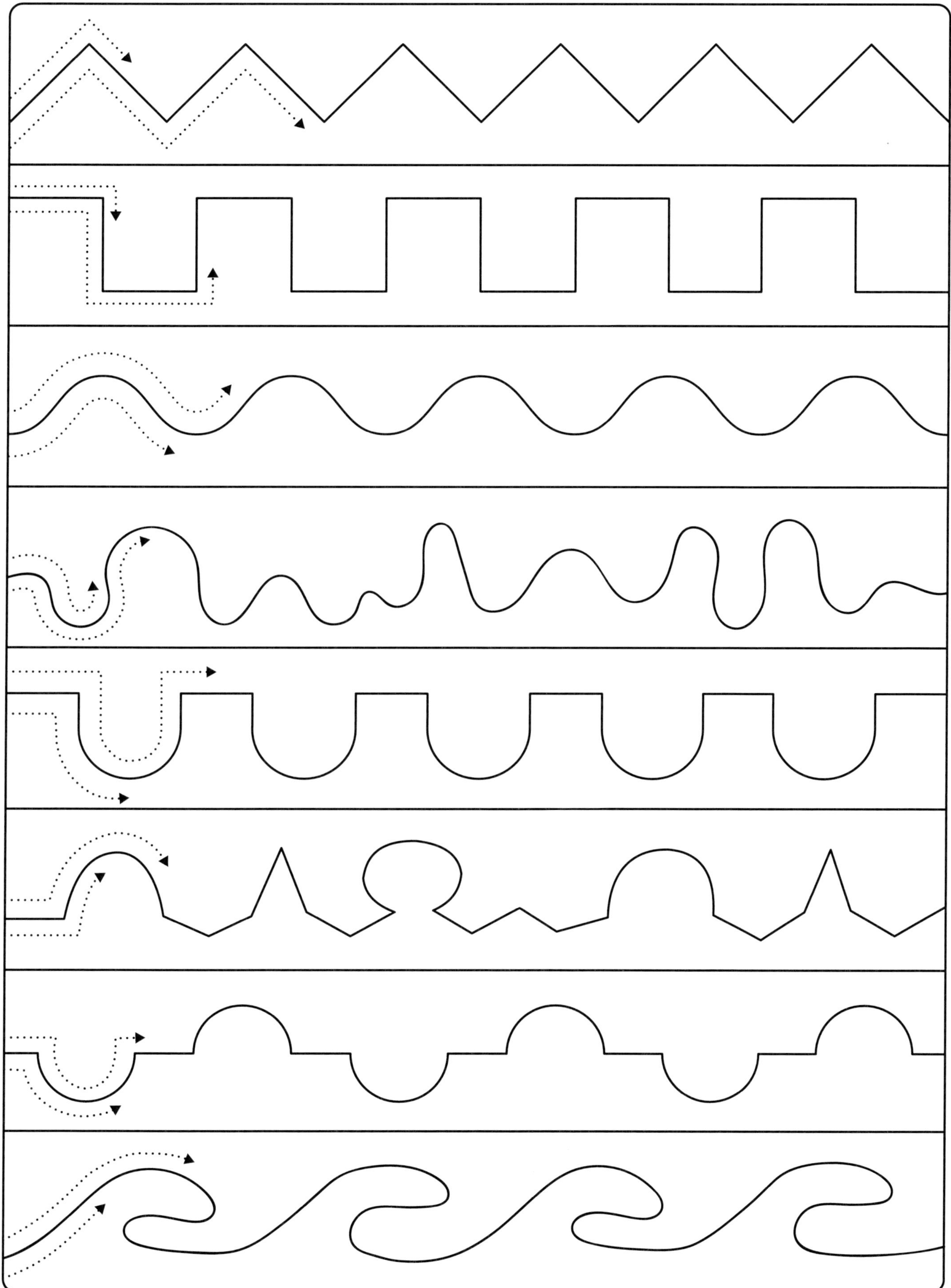

KOHL VERLAG
Zusammenhänge erkennen
Wahrnehmung & Konzentration fördern – Bestell-Nr. 12 846

Muster weiterführen

Eier bemalen: Male die Eier mit den angegebenen Mustern an.

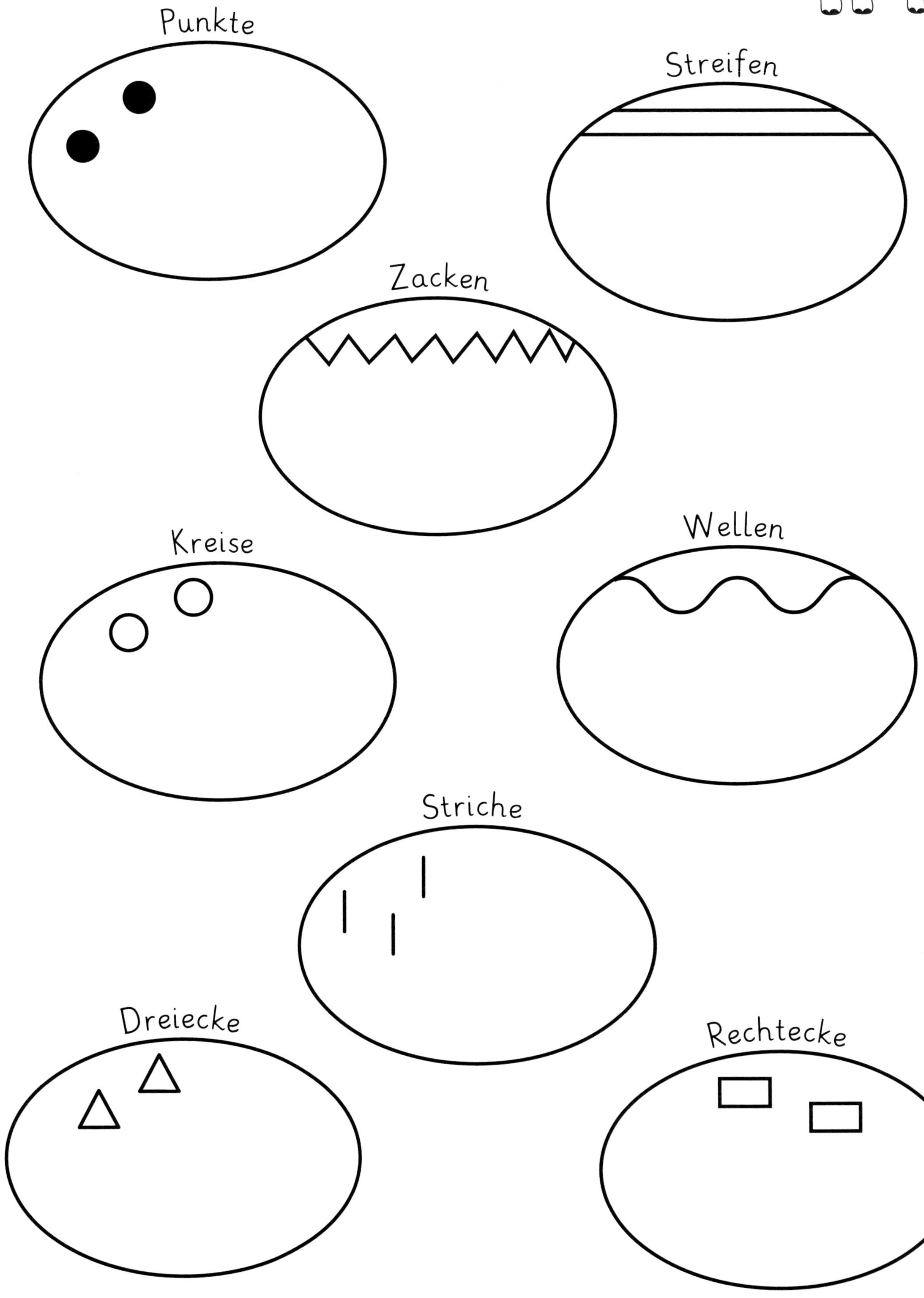

Punkte

Streifen

Zacken

Kreise

Wellen

Striche

Dreiecke

Rechtecke

Muster weiterführen

Flaggenmuster: Fülle die Formen so, wie sie in der Flagge aussehen.

KOHL VERLAG Zusammenhänge erkennen
Wahrnehmung & Konzentration fördern – Bestell-Nr. 12 846

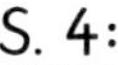

Lösungen

S. 4:

S. 5:

S. 6:

S. 7:

S. 8:

S. 9:

S. 10:

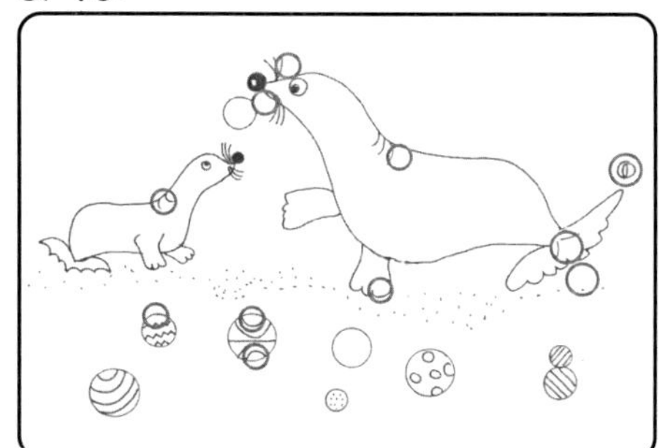

S. 11:

S. 12:

S. 13:

S. 20 : 8

S. 21 : 7

S. 26 : 4 und 9

S. 27 : 3 und 7